SUR L'AUTHENTICITÉ

DE QUELQUES

LETTRES DE JULIEN

PAR

FRANZ CUMONT

GAND
LIBRAIRIE SCIENTIFIQUE E. VAN GOETHEM
Rue des Foulons, 1 (près de l'Université).

1889.

In the interest of creating a more extensive selection of rare historical book reprints, we have chosen to reproduce this title even though it may possibly have occasional imperfections such as missing and blurred pages, missing text, poor pictures, markings, dark backgrounds and other reproduction issues beyond our control. Because this work is culturally important, we have made it available as a part of our commitment to protecting, preserving and promoting the world's literature. Thank you for your understanding.

SUR L'AUTHENTICITÉ
DE QUELQUES
LETTRES DE JULIEN.

Il est peu d'écrits attribués à un auteur ancien qui aient été considérés comme authentiques sur d'aussi faibles preuves que les lettres de Julien. Quelques-unes, il est vrai, de celles que nous lisons aujourd'hui sont déjà citées par les historiens du V⁰ siècle.[1] Zosime[2] nous parle même d'un recueil de discours et d'épîtres de Julien, que ses contemporains avaient sans doute consulté comme lui. Mais quelle était l'étendue de cette collection, sa date et sa composition? avait-elle pour auteur un païen ou un chrétien, un lettré ou un homme d'État? nous en sommes réduits sur tous ces points à des conjectures. Notre meilleur manu-

---

1) Socrate cite les lettres 10 (*Hist. eccl.* III, 3), 25 (III, 20), 42 (III, 12, 16), une lettre perdue aux habitants de Cyzique (III, 11) et une autre (III, 5) également perdue. Sozomène parle des Nᵒˢ 10 (*Hist. eccl.* V, 8), 25 (V, 22), 26 (V, 15), 42 (V, 18), 49 (V, 16), 52 (V, 15), 66 (VI, 1), 75 (V, 18) enfin de l'épître aux gens de Cyzique (V, 15). D'autres, non conservées, sont citées dans Eunape et Ammien Marcellin. Cf. Schwarz, *De Vita et scriptis Iuliani imperatoris*. Bonn 1888. p. 34—35.

2) Zosim. III, 2. 4. Τὰ ... Ἰουλιανῷ πραχθέντα ... πάρεστι ... συλλαβεῖν ἅπαντα τοῖς λόγοις ἐντυγχάνοντι τοῖς αὐτοῦ καὶ ταῖς ἐπιστολαῖς, ἀφ' ὧν ἔνεστι μάλιστα τὰ κατὰ πᾶσαν αὐτῷ πεπραγμένα τὴν οἰκουμένην περιλαβεῖν.

scrit (le Vossianus, du XII° ou XIII° siècle) ne renferme que vingt-huit lettres sur les quatre-vingt-cinq actuellement connues. Les autres ont été recueillies peu à peu, souvent même une à une, depuis plus de trois cents ans,[1] dans une vingtaine de manuscrits d'époques diverses, dont on n'a pu établir la parenté, et dont on ne peut même affirmer qu'ils remontent tous à un même archétype. Le nombre des épîtres qu'ils contiennent est différent; l'ordre de celles-ci varie de l'un à l'autre[2]; elles sont souvent réunies à celles de Libanius ou d'autres sophistes, et ont été jointes aux œuvres de Julien sur la seule foi de leur suscription.

Or, on sait combien en consultant les épistolographes il faut toujours se tenir en garde contre les fraudes et les erreurs. Nulle part les contrefaçons ou les confusions n'étaient aussi aisées que dans ces courts morceaux où la personnalité de l'écrivain apparaît le plus souvent à peine. Dans ces recueils de lettres d'auteurs divers, comme ceux que nous citons plus haut, il suffisait d'un titre omis ou déplacé, d'une transposition dans les feuillets du manuscrit, d'une simple ressemblance de noms, pour faire attribuer à l'un ce qui appartenait à l'autre. La correspondance de Julien, comme on devait s'y attendre, n'a pas échappé à ces dangers. Hercher a prouvé à l'évidence[3] que la lettre première n'est pas de lui, mais du sophiste Procope de Gaza; quatre autres ont été rejetées avec raison par le dernier éditeur de l'empereur philosophe, M. Hertlein.[4] J'espère pouvoir démontrer ici qu'une grande partie du reste est également apocryphe.

---

1) La première édition spéciale (Paris 1566) en contenait cinquante-cinq. Les dernières ont été découvertes à Chalcé par M. Papadopoulos (*Rhein. Mus.* 1887, p. 26 sqq.) en 1884.

2) Ainsi le Monac. 490 donne 77, 3, 14, 65, 66, 20, 67. — L'un des Mss. de Chalcé, 60, 57, 41, 25, 20, 37, 16, 34, 46, 45, 48, 2, 73, 38 etc.

3) Hercher, *Z. d. Briefen d. Kais. Jul.* Hermès t. I (1866) p. 474.

4) *Iuliani imperatoris quae supersunt*, ed. C. Hertlein. Leipzig 1875-6. — C'est d'après cette édition que je ferai mes citations.

I.

Parmi ces quatre-vingt-cinq lettres attribuées à Julien, il s'en trouve six (N°ˢ 34, 40, 41, 53, 60, 61), adressées au philosophe Jamblique, qui ont de tout temps embarrassé les historiens. Eunape[1] nous raconte en effet que Sopater, disciple de Jamblique, se rendit *après la mort de son maître* à la cour de Constantin, où il jouit quelque temps de la faveur du prince, mais que plus tard, étant tombé en disgrâce, il fut exécuté sur son ordre.[2] Constantin régna, comme on sait, jusqu'en 337. Jamblique ne peut donc avoir vécu au-delà de 336 comme limite extrême. Or, Julien naquit en 331. Quelque précocité qu'on lui suppose, il serait difficile de soutenir qu'il ait pu entretenir une correspondance avec le philosophe syrien. Pour tourner la difficulté on a admis généralement, — c'était l'hypothèse la plus simple — que le Jamblique auquel s'adresse Julien, est différent du premier. Mais cette supposition est insoutenable, comme l'a fort bien démontré M. Zeller.[3] Je ne puis mieux faire que de reproduire ici sa réfutation.

"On ne peut accepter, dit-il, l'opinion ordinaire, qui voit dans le Jamblique de Julien le neveu du célèbre platonicien, appelé du même nom que lui, et qui nous est connu par Libanius.[4] Julien mentionne en effet dans ses lettres Sopater comme étant encore en vie, et en parle comme d'un disciple de son Jamblique.[5] Il serait difficile de supposer que le neveu ait eu auprès de lui, comme son oncle,

---

1) Eun. *Vit. Aed.* p. 21 s. ed. Boisson. Amsterdam 1822.

2) Cette deuxième partie de son récit est confirmée par d'autres historiens. Cf. *infra* p. 12 n. 3.

3) Zeller, *Phil. d. Gr.*, t. V p. 679 n. 2.

4) Liban. Ep. 1072 (Wolf) τὸν ὁμώνυμον τὸν θεῖον. — Ce Jamblique était en même temps le neveu de Sopater (Liban. Ep. 487 ed. Wolf τὸν Ἱμερίου μὲν υἱὸν, Σωπάτρου δὲ ἀδελφιδοῦν...), ce qui fortifie encore le raisonnement de M. Zeller.

5) Ep. 53 p. 563, 10. Cf. p. 539 l. 14.

un Sopater pour disciple. D'ailleurs on ne peut songer qu'au chef de l'école platonicienne, quand Julien place son Jamblique à côté d'Homère, de Socrate et de Platon,[1] quand il le nomme le bien commun de tous les Hellènes,[2] bien plus, le sauveur de l'hellénisme entier et le μέγα ὄφελος τῆς οἰκουμένης[3]; lorsqu'il prétend avoir été guéri de la fièvre par sa lettre avant même de l'avoir lue,[4] etc. etc. Enfin en dehors de cela, dans six lettres au neveu, l'oncle aurait certainement été nommé, et nommé plus d'une fois. Ainsi, conclut M. Zeller, puisqu'il est impossible que Julien ait écrit au premier des deux Jamblique, il ne reste plus qu'à considérer avec Dodwell et Fabricius ces lettres comme inauthentiques."

Il y aurait peut-être quelques réserves à faire sur une partie de cette argumentation. Libanius dans ses lettres parle du second Jamblique comme d'un philosophe de haute valeur,[5] et Julien lui-même le met presque sur le même rang que son oncle.[6] Mais ils restent, l'un et l'autre, bien loin

---

1) Ep. 34 p. 535 l. 13.
2) Ep. 61 p. 582, 3.
3) Ep. 53 p. 503, 16. Cf. *infra* p. 11 n. 3.
4) Ep. 60 p. 579 l. 3 s.
5) Liban. Ep. 492, 901, 903. Cf. 487, 492 etc. La lettre 1072 à Jamblique ne me paraît pas être de Libanius, mais de Julien. Du moins le βασιλεύτερος du début ne me semble guère compréhensible que si c'est un empereur qui parle. Cf. en outre πρέπει γὰρ ... θαυμάσῃς avec Julien Ep. 2 p. 482 l. 10 θαυμάζειν ... τοῖς σοφοῖς, et τὴν δ'αἰτίαν ... ἐρῶ avec Jul. p. 518 l. 10 τὴν δ'αἰτίαν ... φράσαι. Mais cette question est trop complexe pour que je veuille rien affirmer.
6) Cf. note 5 et la lettre 4 de Papadopoulos. Le texte de cette lettre est fort corrompu, et l'on ne voit pas toujours bien duquel des deux Jamblique il est question. Mais même si, lorsque l'auteur dit ὁ θεῖος ἀληθῶς καὶ μετὰ Πυθαγόραν καὶ Πλάτωνα τρίτος Ἰάμβλιχος, c'est l'oncle qu'il veut désigner (cf. p. 288, 4; 281, 18; 189, 15), la suite prouve que Julien considérait le neveu comme l'égal du premier. — Il est étonnant, si le second Jamblique était vraiment un homme de cette valeur, que nous n'ayons conservé le titre d'aucun de ses ouvrages. C'est sans doute que la masse énorme de ceux que nous attribuons

de ces éloges démesurés qui remplissent nos six morceaux, et ils ne manquent pas, à propos du neveu, de rappeler leur admiration pour son célèbre parent. L'ensemble du raisonnement de M. Zeller reste donc debout, et l'on pourrait même encore insister sur d'autres impossibilités. Ainsi, d'après Libanios, le second Jamblique était beaucoup plus jeune que lui,[1] c'est-à-dire contemporain de Julien, ou à peu près. Or, nos lettres à Jamblique s'adressent certainement à un vieillard,[2] et Julien est mort à trente-trois ans.[3] Mais il est inutile, je pense, de nous appesantir plus longtemps sur ces difficultés. Les arguments de M. Zeller suffiraient déjà sans doute à faire abandonner l'ancienne hypothèse.

Mais la date de la mort du premier Jamblique ne nous est donnée que par Eunape. On pourrait supposer que sa chronologie est ici en défaut, que Jamblique a vécu beaucoup plus longtemps, et que par conséquent Julien a pu lui écrire,[4] si des raisons internes ne venaient démontrer l'in-

---

tous au même (cf. Clinton, *Fast. Rom.* II, 304) est à partager entre les deux. Je ne puis ici que signaler cette question.

1) Liban. Let. 487 p. 244 ed. Wolff νέος. Let. 485 νεανίσκος. Cf. Let. 508.

2) Cf. surtout let. 34, p. 525, 10 seq.

3) M. Schwarz, dans la dissertation que nous avons citée, a voulu prouver également que les lettres à Jamblique, et de plus un certain nombre d'autres (8, 19, 25, 32, 54, 68, 73) étaient apocryphes. Il se fonde sur des différences dans l'usage des particules. Mais parmi les lettres qu'il admet comme authentiques, un certain nombre, comme j'espère le prouver, ne le sont pas, et d'autres n'ont pas été rédigées par l'empereur lui-même (cf. *infra* p. 20). Toute la statistique de M. Schwarz est donc erronée, et je ne crois pas pouvoir faire usage de cet argument. D'ailleurs l'une au moins des lettres condamnées dans cette dissertation (N° 68) me paraît à l'abri de tout soupçon (sur le N° 25 cf. *infra* p. 22 n. 2). J'examinerai plus bas d'autres assertions de M. Schwarz.

4) Comme le fait M. Naber (*Epist. de Iuliano*, Mnémos. N. S. t. XI p. 388) mais sans invoquer d'autre raison sérieuse que ces prétendues lettres de Julien. Il admet d'ailleurs qu'Aidesios, mourut en 354. Or Aidesios fut le successeur de Jamblique dans son école (*infra* p. 27 n. 5), ce qui confirme la date approximative de 330, pour

6

authenticité de ces lettres, et confirmer ainsi indirectement le témoignage d'Eunape.

Aucun des détails que l'auteur de cette correspondance nous donne sur sa personne ne s'accorde avec ce que nous savons de Julien. Lorsqu'il écrivait la lettre 40, cet auteur était établi depuis trois ans à Nicomédie. Il y était arrivé au milieu d'une guerre terrible et de mille dangers.[1] Le futur empereur Julien séjourna, il est vrai, à Nicomédie de 351 à 354, mais c'est de Constantinople qu'il s'y rendit, avec la permission de Constance et de la manière la plus pacifique, pour y étudier la philosophie.[2] On ne peut songer davantage à son second passage à Nicomédie, après son avènement en 362. Il ne fit que traverser la ville alors détruite,[3] et trois ans après il était mort depuis plusieurs mois.[4]

Avant son arrivée à Nicomédie, l'auteur de nos six lettres avait vu Jamblique en Orient.[5] Or, Julien, dont la courte carrière nous est connue assez en détail, ne s'est rendu en Syrie, d'après ce que nous savons, que tout à la fin

---

la mort de Jamblique. Cette date s'accorde d'autre part fort bien avec celle de la naissance du maître de celui-ci, Porphyre, qui vit le jour en 233.

1) Let. 40 p. 538 l. 8 Ἦλθον ἐκ Παννονίας ἤδη τρίτον ἔτος τουτί, μόλις ἀφ' ὧν οἶσθα κινδύνων καὶ πόνων σωθείς. Ὑπερβὰς δὲ τὸν Καλχηδόνιον πορθμὸν καὶ ἐπιστὰς τῇ Νικομήδους πόλει ... Il ne dit pas expressément qu'il n'a pas quitté depuis lors Nicomédie, mais cela ressort de ce silence même et de tout le récit qui suit. Cf. Let. 61 p. 581 ἀλλὰ καὶ πολέμων θορύβους ... ὑπομείνας.

2) Lenain de Tillemont, *Hist. des empereurs*. Paris 1723, t. IV p. 489 seq. Mücke, *Iulianus*, t. II. Gotha 1869, p. 24 seq.

3) Lenain p. 518. Mücke p. 106 seq.

4) En outre, même si l'on rejette avec M. Naber le témoignage d'Eunape, on doit admettre en tout cas, comme il le fait (p. 388), que Jamblique mourut avant 362, puisque Julien dans son discours IV, écrit cette année-là, le nomme κλεινὸς ἥρως.

5) Let. 61 p. 531-2 ὅτι σε ἐπὶ τοσοῦτον χρόνον τὴν ἑῴαν ἀπολιπὼν οὐκ εἶδον. Cf. *infra* p. 23.

de sa vie (362-3),¹ et l'on ne peut supposer qu'il ait reçu dans sa jeunesse la visite de Jamblique en Cappadoce, au château où Constance le fit élever: moins qu'à tout autre on eût accordé au philosophe platonicien la faveur exceptionnelle de s'entretenir avec lui.²

Le correspondant de Jamblique parle encore dans sa lettre 40 du précepteur de ses enfants.³ Julien n'eut jamais de sa femme Hélène qu'un enfant qui mourut aussitôt après sa naissance,⁴ et ce que l'on nous rapporte de la continence ascétique de ses mœurs,⁵ ne permet pas de supposer qu'il en ait eu d'illégitimes.⁶ En eût-il eu, ce

---

1) Mücke p. 109 seq. On voit par le Misopogon que c'était la première fois qu'il visitait ce pays. Voy. surtout p. 455, 3 οὔτε ἠπίστατο ... προσεδόκα.

2) Iul. *Epist. ad s. p. q. Ath.* p. 349-50.

3) Ep. 40 p. 539 l. 2 ἐπανιόντος οἴκαδε τοῦ τροφέως τῶν ἐμαυτοῦ παιδίων. Cf. *infra* let. 67 p. 13. M. Naber (p. 391) interprète, il est vrai, autrement le texte: "*Misit Iulianus Athenis,*" dit-il, "*epistulam per paedagogum puerorum, vel* τὸν τῶν παίδων τροφέα, *unde praeterea videmus curavisse Constantium ut regius adolescens Athenis regio more viveret. Nemo enim privato censu paedagogia habet etiamsi fortasse* "tout marquis veuille avoir des pages." L'explication est ingénieuse; mais d'abord la charge de τροφεὺς τῶν παίδων, éducateur des pages, est, du moins à ma connaissance, complètement inconnue, et l'expression τῶν ἐμαυτοῦ παιδίων me paraît s'appliquer difficilement aux esclaves du palais. Enfin et surtout nous savons que Julien à Athènes et auparavant ne vivait pas du tout *more regio* mais tout-à-fait en philosophe (*Ep. ad s. p. q. Ath.* p. 353-4) et le moindre *marquis* avait certainement une maison mieux montée que la sienne.

4) Amm. Marc. XVI, 70, 18. Cf. Lenain de Till. t. IV p. 558-9.

5) Ibid. p. 554, Mücke 142. Les passages (cités p. Tillemont p. 514) où ses adversaires lui reprochent de se montrer en public en compagnie de prostituées, ne contredisent pas les précédents. Il s'agit des courtisanes attachées à certains temples d'Asie, au milieu de qui l'empereur se trouvait nécessairement lorsqu'il célébrait quelque fête païenne.

6) Lenain de Till. croit le contraire (p. 514), mais le seul témoignage de quelque valeur qu'il allègue est précisément celui de nos lettres apocryphes. Il invoque encore le Misopogon où l'empereur s'adresse à lui-même en ces termes: καθεύδεις ὡς ἐπίπαν νύκτωρ μόνος. "Il dit

8

n'est pas pendant son séjour à Nicomédie (il avait alors vingt ans) qu'il pouvait songer à leur donner des maîtres.

On pourrait encore faire valoir des raisons d'un autre ordre contre l'authenticité de cette correspondance. Julien, qui nomme souvent Jamblique, ne laisse jamais soupçonner qu'il ait eu des rapports personnels avec lui.[1] Il fait entendre que les doctrines du célèbre platonicien ont exercé une grande influence sur ses idées, mais c'est uniquement par ses ouvrages qu'il le connaît, c'est le philosophe qu'il admire en lui. Dans nos lettres, aucune allusion à ces doctrines ou à ces idées; c'est comme styliste, comme rhéteur, bien plus que comme penseur que Jamblique y est exalté. Mais ces arguments paraîtront sans doute moins péremptoires, et nous ne nous y arrêterons pas plus longtemps. Il en est un dernier plus important qui achève, nous semble-t-il, de démontrer la vérité de l'opinion que nous défendons.[2]

---

seulement, remarque le vieil érudit, qu'il couchait presque toujours seul et n'ayant point alors de femme, la moindre exception était criminelle." Mais il est clair d'après le contexte que ὡς ἐπίπαν est à traduire non par *généralement* (ὡς ἐπὶ τὸ πολύ) mais par *absolument, toujours* ... — Le passage de George Kodinos, cité encore par Tillemont, est sans valeur et a d'ailleurs été corrigé (éd. Bekker, Bonn 1843, p. 34 et note sur ce pass.). — L'aversion de Julien pour ces relations irrégulières est exprimée clairement Or. I p. 58 l. 10 et Or. II p. 130 l. 30 seq.

1) Les allusions à ces relations que M. Naber (l. c. p. 388) prétend retrouver, sont purement hypothétiques.

2) M. Schwarz a encore une preuve qui lui est propre: Les lettres de Jamblique, dit il p. 25, sont en contradiction avec la lettre 27 de Julien, car dans celle-ci l'empereur (p. 518 l. 9) nous dit qu'il vient de voir en 363 Sopater pour la première fois, tandis que d'après celles-là écrites auparavant, ce philosophe serait venu deux fois déjà le visiter (p. 559, 6; 563, 18). Il est vrai qu'à la page précédente (note K), M. Schwarz rejette comme interpolé tout ce passage de la lettre 27. Je lui laisse le soin de concilier ses deux assertions. — Si vraiment Julien avait vu Sopater en 363, le récit d'Eunape et d'autres historiens (cf. *infra* p. 12 n. 3) sur la mort de Sopater serait controuvé et tout

Nous avons admis jusqu'ici sans examen que toutes les lettres à Jamblique avaient le même auteur. M. Schwarz l'a cependant contesté.[1] Il se fonde sur de légères variations dans l'emploi des particules. Mais chacune de ces lettres est beaucoup trop courte pour que cette méthode puisse conduire même à une présomption. Je me ferais fort de démontrer de la sorte que chaque chapitre de l'Anabase est d'un auteur différent. Il n'y a pas de doute que nous n'ayons affaire ici à une correspondance suivie. Des allusions aux mêmes faits se retrouvent dans ses diverses parties,[2] et les mêmes idées s'y répètent d'un bout à l'autre: regrets d'avoir quitté Jamblique et espérance de le revoir bientôt; expressions de gratitude et d'enthousiasme pour les lettres qu'il a bien voulu écrire au malheureux exilé, et excuses pour la pauvreté de celles que celui-ci ose lui envoyer en échange. Jamblique est partout pour lui l'orgueil du monde, le sauveur de l'hellénisme[3] et plutôt un dieu qu'un homme[4]; enfin c'est toujours la même

---

le raisonnement de M. Zeller (que répète cependant M. Schwarz) tomberait. Mais le passage de la lettre 27 est certainement corrompu et n'a pas été jusqu'ici, malgré diverses tentatives, corrigé d'une manière satisfaisante. Je pense, pour ma part, que le ξένος dont il y est question est Jamblique, le neveu du platonicien et de Sopater, mais en tout cas on ne peut baser aucune démonstration sur cette phrase incertaine.

1) Schwarz, *op. cit.* p. 27 *singulis epistulis singuli auctores sunt*.
2) Cf. *supra* p. 8 n. 1 et *infra* p. 30 seqq.
3) Ep. 34 p. 524, 10 τὸ κοινὸν ἁπάσης τῆς οἰκουμένης ὄφελος. Ep. 53 p. 563 l. 16 même expression. Ep. 61 p. 532, 3 τὸ κοινὸν τῶν Ἑλλήνων ἀγαθόν; p. 582 l. 9 τὸ μέγα τῆς οἰκουμένης ἄγαλμα. Ep. 34 p. 525, 1 ἐπὶ σωτηρίᾳ τοῦ κοινοῦ τῶν ἀνθρώπων γένους τεχθείς. Ep. 40 p. 540, 16 σοὶ ... παντός, ὡς εἰπεῖν, τοῦ Ἑλληνικοῦ σωτῆρι. Ep. 60 p. 579, 2 καὶ ἀπόντας ... σώζων. Ep. 40 p. 541, 1 οἷον φωτός, τὸ Ἑλληνικὸν ἐπαρδεύοντα.
4) Ep. 40 p. 542, 1 πρέπει δὲ Ἑρμοῦ λογίου τρόφιμον ὄντα σε τὴν ἐκείνου ῥάβδον οὐκ ἐν τῷ καθεύδειν ποιεῖν, ἀλλ' ἐν τῷ κινεῖν καὶ διεγείρειν μᾶλλον ἐθέλειν μιμεῖσθαι. Ep. 41 p. 543 l. 5 οἷον Ἑρμοῦ ῥάβδῳ τῷ παρὰ σαυτοῦ λόγῳ κινεῖς καὶ διεγείρεις καθεύδοντας. Ep. 34

recherche de mots rares, le même style précieux, les mêmes comparaisons ambitieuses, les mêmes périodes enflées, qui se répètent souvent dans les mêmes termes.[1]

Nous devons joindre à ces lettres celle qui porte dans les éditions le N° 67. Elle a pour suscription dans les manuscrits Ἰουλιανὸς Σωσιπάτρῳ, mais Fabricius a vu depuis longtemps qu'elle devait être adressée à Sopater, le disciple de Jamblique. Elle fait allusion en effet, comme l'une de celles à Jamblique, à l'envoi d'une missive par le précepteur des enfants de son auteur. Or, comme nous l'avons vu plus haut, Sopater est mort sous Constantin.[2] Ce billet ne peut donc, pour un double motif, être de Julien et ses ressemblances de style avec l'épître 40 sont telles, que non seulement elle doit avoir été écrite de la même main, mais encore en même temps.[3]

---

p. 525 l. 2 ὅτι ἂν σημήνῃς ... ἀντὶ τῆς Ἀσκληπιοῦ χειρὸς παρ' ἡμῶν κρίνεται. Ep. 40 p. 541 l. 3 ὁ Ἀσκληπιὸς ... πληροῖ. ὃ δὴ καὶ σὲ χρὴν ποιεῖν. Ep. 40, p. 538, 18 καθάπερ ἐξ Ἀπόλλωνος ἱερὸν ἐφοίτα παρά σου γράμμα. Ep. 41 p. 543 l. 2 ὥσπερ οἳ τὴν Ἀπόλλωνος μαντείαν ... δέχονται. Cf. 34 p. 524 l. 15 et 40 p. 540. Cf. 41 p. 542 l. 4 s. et 34 p. 523 l. 15 seq. etc. etc.

1) Cf. notes précéd. — Ep. 34 p. 524, 18 οὐ μόνον ⟨τοῖς⟩ παροῦσι τὰ εἰκότα ξυνών ἀλλὰ καὶ ἀπόντας ... σεμνύνων. Ep. 60 p. 579, 1 οὐκ ἀνίης καὶ παρόντας εὖ ποιῶν ἀεὶ καὶ ἀπόντας οὐκ εὐφραίνων μόνον ἀλλὰ καὶ σώζων. Ep. 34 p. 523, 5 ἐγὼ δὲ οὐδ' ἐν ἀνθρώποις εἶναι φαίην ἂν ὅλως ἕως ἂν Ἰαμβλίχῳ μὴ συνῶ. Ep. 53 p. 563, 19 ἕως ἂν Ἰάμβλιχος μὴ παρῇ Κιμμερίων ἀχλὺς συνοικεῖ etc. — Cf. 40 p. 539, 7 et 60 p. 579, 9. — 40 p. 539, 5 et 61 p. 582, 4. — 40 p. 539, 10 et 60 p. 581, 11; et l'emploi de γόνιμος p. 525, 8 et 541, 15, de δυσωπεῖν p. 541, 3 et 579, 14, de ἐραστής p. 523, 5 et 541, 19, de ἐντελής p. 523, 20 et 543, 25, de ἑστιᾶν p. 541 l. 22 et 543, 15, de οἰκεῖος p. 524, 19; p. 540, 24; p. 542, 14 et 24 etc. etc.

2) Eun. pass. cité, Zozime II, 40; Sozom. I, 5; Suidas s. v. — Cf. Zeller t. V p. 728 n. 3.

3) Cette lettre a dix lignes et je note les analogies suivantes ἀφορμή (sc. d'écrire) = p. 539, 20 ἀφορμὰς τοῦ γράφειν — ... οἷς γράφεις τὸ τῆς σεαυτοῦ ψυχῆς ἴνδαλμα = p. 539 l. 2 ἐν τῇ τῶν γραμμάτων ἀναγνώσει τὸ τῆς σῆς εἰκόνος ἴνδαλμα — ... τὸν τροφέα τῶν ἐμαυτοῦ παίδων = p. 539 l. 2 τοῦ τροφέως τῶν ἐμαυτοῦ παιδίων — ...

Les six lettres à Jamblique et celle à Sopater sont donc l'œuvre d'un même personnage, mais ce ne sont pas les seules que nous ayons conservées de lui. Parmi celles que M. Hertlein, en général cependant très conservateur, a désignées comme apocryphes, se trouve une longue épître (N° 24) adressée à un certain Sarapion. C'est un morceau de rhétorique qui accompagnait l'envoi de cent figues à cet ami. Il contient une dissertation sur les figues, suivie d'une autre, plus absurde encore, sur le nombre cent. Son auteur était un sophiste fixé à Damas,[1] où Julien n'a jamais séjourné. C'est, on l'a deviné, le même qui avait connu Jamblique en Orient et lui a écrit nos fameuses lettres. Les similitudes d'expression ne sont pas, à la vérité, aussi nombreuses; mais on se l'expliquera aisément, si l'on songe que cette élucubration pédantesque est remplie presque toute entière par des citations d'auteurs et des détails techniques. Personne, je pense, ne voudra voir des coïncidences fortuites dans les répétitions suivantes:

Lettre 24.

p. 504 l. 3 $\mu\nu\eta\sigma\tau\varepsilon\acute{v}\omega$.	Cf. *infra* p. 19 n. 1.
p. 504 l. 6 Ἡροδότῳ ἤρκεσεν εἰπόντι. p. 511, 10 ἀρκεῖ προςείποντι.	Ep. 34 p. 523, 2 Ὀδυσσεῖ... μὲν ἐξήρκει ἀναστέλλοντι λέγειν.
p. 504 l. 15 δεδιὼς μὴ λάθῃ... προςειπών.	Ep. 34 p. 524, 5 δεδιότα μὴ λάθῃ ἐκφήνας.
p. 504 l. 17 τὴν οἰκείαν εὐφημίαν.	Cf. *supra* p. 10 n. 1, s. v. οἰκεῖος.
p. 505 l. 18 παραγγέλμασι.	Ep. 40 p. 541, 7 παράγγελμα.

ἐκπέμπων, ἀπρόσρητον = 538, 13 τὴν εἰς σὲ πρόσρησιν ἐκπέμπων — ... ποθεῖς = 538, 3 ποθοῦμεν — ... οἰκειότερον = 540, 23 τὸ οἰκεῖον — ... εἰ δὲ τὶ καὶ σοὶ μέλει τῶν σῶν ἐραστῶν, ὡς ἔγωγε ὅτι μέλει πιστεύω = 541 l. 19 εἰ δὲ μέλει τί σοι τῶν ἐραστῶν τῶν σῶν, μέλει δὲ εἰ μὴ σφάλλομαι — ... ἐλλείπων = 537, 20 ἐλλιπόντι.

1) Ep. 24 p. 506-507.

p. 507 l. 5 ὥσπερ... φυτοῦ νόμῳ. — p. 508 l. 14 οἰονεὶ καλύκων δίκην. } Cf. infra p. 19, n. 1.

p. 507 l. 14 ἣν οὐκ ἐπέρχεται τῷ τῆς ἡδονῆς θαύματι.

Ep. 34 p. 525 l. 2 ἅπαντα ἐπέρχῃ σωτηρίῳ νεύματι.

p. 508 l. 15 Ἡλίῳ... προςομιλοῦντα.

Ep. 61 p. 532, 20 τοῖς σοῖς ὁμιλῶν γράμμασι.

p. 509 l. 2 παλαιῶν καὶ σοφῶν ἀνδρῶν.

Ep. 34 p. 523, 13 παλαιῶν καὶ σοφῶν ἀνδρῶν. Cf. lettre 19 infra.

p. 512 l. 5 ἐς τὸ ἴσον ἥκουσαν.

Ep. 41 p. 542, 9 πρὸς τὸ ἴσον ἐλθεῖν.

p. 512 l. 10 καὶ εἰ μὲν ἔχει μέτριον ἐπί σοι κριτῇ κάλλος τὸ ἐγχείρημα, πάντως καὶ πρὸς τοὺς ἄλλους ἔκφορον ἔσται, τῆς παρὰ σοῦ ψήφου τὴν μαρτυρίαν δεξάμενον· εἰ δὲ χειρὸς ἑτέρας προςδεῖται πρὸς τὸ τοῦ σκοποῦ συμπλήρωμα, τίς ἂν σοῦ κάλλιον εἰδείη τὴν γραφὴν εἰς κάλλος ἀκριβώσαντος... ἀπολαῦσαι (?).

Ep. 41 p. 543, 20 προσοῦ δὴ καὶ αὐτὸς τὸν λόγον εὐμενεῖ νεύματι... ἀλλ᾽ ἐὰν μὲν ἔχῃ τι δέξιον αὐτός τε ὁ λόγος εὐτυχεῖ καὶ ὁ ποιητὴς αὐτοῦ τῆς παρὰ τῆς Ἀθηνᾶς ψήφου τὴν μαρτυρίαν προςλαβών. εἰ δ᾽ ἔτι χειρὸς ἐντελοῦς εἰς τὸ τοῦ ὅλου πλήρωμα προςδεῖται μὴ ἀπαξιώσῃς αὐτὸς τὸ ἐνδέον προςθεῖναι.

Mais d'autre part des expressions caractéristiques et même des phrases entières de cette épître à Sarapion se retrouvent dans quelques-unes des autres lettres de Julien.[1] L'objection paraît d'abord embarrassante: nous n'avons pas, comme plus haut, de raisons historiques pour contester l'authenticité de celles-ci:[2] elles tournent tout entières dans le cercle des remerciements et des compliments généraux. Mais si on les examine d'un peu près, on découvre qu'elles appartiennent à un groupe d'épîtres adressées presque toutes à

---

1) Cf. infra Ep. 18, 19, 16, 57.
2) Cf. cependant infra p. 26 n. 3.

des sophistes, et qui présentent avec celles à Jamblique et entre elles des ressemblances si nombreuses et si frappantes qu'il est impossible de les supposer d'auteurs différents. On pourra juger de la proportion de ces analogies par le billet suivant, que nous donnons à cet effet en entier. Pour les lettres que nous citons à la suite, afin d'abréger et d'éviter les répétitions, nous nous bornerons à noter les parties que chacune a en commun avec les précédentes, en indiquant seulement le chiffre des suivantes qui ont aussi avec elle des points de contact.

Lettre 18.

Δαίδαλον μὲν Ἰκαρίῳ φασὶν ἐκ κηροῦ πτερὰ συμπλάσαντα τολμῆσαι τὴν φύσιν βιάσασθαι τῇ τέχνῃ. Ἐγὼ δὲ ἐκεῖνον μὲν εἰ καὶ τῆς τέχνης ἐπαινῶ, τῆς γνώμης οὐκ ἄγαμαι· μόνος γὰρ δὴ κηρῷ λυσίμῳ τοῦ παιδὸς ὑπέμεινε τὴν σωτηρίαν πιστεῦσαι. Εἰ δέ μοι θέμις ἦν κατὰ τὸν Τήϊον ἐκεῖνον μελοποιὸν τὴν τῶν ὀρνίθων ἀλλάξασθαι φύσιν, οὐκ ἂν δήπου πρὸς Ὄλυμπον, οὐδὲ ὑπὲρ μέμψεως ἐρωτικῆς, ἀλλ' εἰς αὐτοὺς ἂν τῶν ὑμετέρων ὀρῶν τοὺς πρόποδας ἔπτην, ἵνα σε, τὸ μέλημα τοὐμόν, ὥς φησιν ἡ Σαπφώ, περιπτύξωμαι. Ἐπεὶ δέ με ἀνθρωπίνου σώματος δεσμῷ κατακλείσασα ἡ φύσις οὐκ ἐθέλει πρὸς τὸ μετέωρον ἁπλῶσαι, λόγων οἷς ἔχω σε πτέροις μετέρχομαι καὶ γράφω καὶ σύνειμι τὸν δυνατὸν

Cf. let. 8 *infra* εἰ καὶ τῇ φύσει κεχάλκωται, τῇ τέχνῃ ... Ep. 34 p. 524, 8 τῆς μὲν φύσεως αὐτὸν ἐπαινῶ, τῆς γνώμης δ' οὐκ ἄγαμαι.

Ep. 40 p. 538, 2 οὐ γὰρ ἦν θέμις.

Ep. 61 p. 582, 8 ὅταν σὲ, τὸ μέγα τῆς οἰκουμένης ἄγαλμα περιπτύξωμαι.

Ep. 61 p. 582 l. 18 τέως γε μὴν οἷς ἔχω σε κατὰ δύναμιν μέτειμι.

τρόπον, πάντως που καὶ Ὅμηρος αὐτοὺς οὐκ ἄλλου του χάριν ἢ τούτου πτερόεντας ὀνομάζει, διότι δύνανται πανταχοῦ φοιτᾶν, ὥσπερ οἱ ταχύτατοι τῶν ὀρνίθων ᾗ ἂν ἐθέλωσιν ἄττοντες· γράφε δὲ καὶ αὐτός, ὦ φίλος· ἴση γὰρ δήπου σοι τῶν λόγων εἰ μὴ καὶ μείζων ὑπάρχει ἡ πτέρωσις, ᾗ τοὺς ἑταίρους μεταθεῖν δύνασαι καὶ πανταχόθεν ὡς παρὼν εὐφραίνειν.

Ep. 24 p. 511, 20 οὐκ ἄλλου τινὸς ἢ τούτου χάριν ἐπαινεῖ Ὅμηρος.

Ep. 40 p. 538, 18 ἐφοίτα παρὰ σοῦ γράμμα.

Ep. 40 p. 538, 18 ᾖξα. Cf. 579, 9.

Ep. 60 p. 579, 2 καὶ παρόντας εὖ ποιῶν καὶ ἀπόντας εὐφραίνων.

Lettre 8.

p. 485, 13 ἐγὼ δέ σε καὶ εἶδον ἤδη τοῖς γράμμασι καὶ τῆς ἱερᾶς σοῦ ψυχῆς τὴν ... εἰκόνα ... ἀνεμαξάμην.

Ep. 67 p. 591, 1 οἷς γράφεις τὸ τῆς σεαυτοῦ ψυχῆς ἴνδαλμα.. Cf. Ep. 40 p. 539, 12 τὸ τῆς σῆς εἰκόνος ἴνδαλμα.

p. 486, 11 εἰ καὶ τῇ φύσει κεχάλκωται, τῇ τέχνῃ (γ') ἐψύχωται.

Cf. supra Epist. 18 τὴν φύσιν etc.

p. 486, 19 δυσωπῶν.

Cf. supra p. 10 n. 1 s. v.

p. 487, 1 ὃ δὴ καὶ αὐτὸς ἡμῖν, ὦ γενναῖε, ποιεῖς.

Ep. 67 p. 591, 2 ὃ δὴ καὶ αὐτὸς ποιῶ.

p. 487, 2 ὥσπερ γὰρ ἐν Ἑρμοῦ λογίου σταδίοις.

Hermes Logios est nommé Ep. 34 p. 525, 10; Ep. 40, p. 541, 25; 543, 5; Ep. 61, p. 583, 3.

p. 487, 4 τῆς ἀρετῆς τὸ ἄκρον.

Ep. 34 p. 524, 13 ἀρετὴν ἄκραν; p. 523, 18 εἰς ἄκρον φιλοσοφίας.

p. 487, 5 Ὀδυσσέα ὃς καὶ μόνον εἰπὼν ... ἤρκει ... ἐκπλῆξαι.

Ep. 34, p 523, 1 Ὀδυσσεῖ μὲν ἐξήρκει ... ἀναστέλλοντι λέγειν.

p. 487, 5 καὶ τῷ ὄντι τὸν Ὀδυσσέα τὸν Ὁμήρου ζηλοῖς.

Ep. 34 p. 525, 2-6 τὴν Ἀσκληπιοῦ χεῖρα πανταχοῦ ζηλῶν ... Τῷ γὰρ ὄντι ...

Voir encore les lettres 15 et 16.

Lettre 32.

La voici toute entière:

Καὶ γράφω καὶ ἀντιτυχεῖν ἀξιῶ τῶν ἴσων. Εἰ δὲ ἀδικῶ συνεχῶς ἐπιστέλλων, ἀνταδικηθῆναι δέομαι τὰ ὅμοια παθών.

Let. 61 p. 582 l. 21 εἰ δὲ δὴ ἀντιτύχοιμι παρὰ σοῦ τῶν ἴσων.

Ep. 40 p. 541, 21 γράφε συνεχῶς. Cf. *infra* lettre 19.

Lettre 19.

p. 499, 12 οἱονεί.

Cf. *infra* p. 19 n. 1.

p. 499, 15 καθάπερ ἡλίου καθαραῖς ἀκτῖσιν μαρμαρύσσον.

Ep. 40 p. 540, 21 Ἥλιος ὥσπερ ὅταν ἀκτῖσι καθαραῖς. *Ibid.* l. 9 Ἡλίου μαρμαρυγαῖς.

p. 499, 14 αἰγλήεντα.

Ep. 24 p. 506, 4 ἀγλαΐαν; Ep. 34 p. 524, 24 αἴγλη.

p. 500, 5 παλαιῶν ἀνδρῶν ὁ λόγος ἐστίν.

Ep. 24 p. 509, 2 παλαιῶν ἀνδρῶν ὁ λόγος. Cf. p. 505, 15; 523, 14; 504, 11.

p. 500, 7 χρυσοῦ νομίσματος εἰς τὸ ἴσον τῆς τιμῆς ἕτερον ἀργύρεον ἀντιδίδομεν.

Ep. 41 p. 542, 9 πρὸς τὸ ἴσον ἐλθεῖν et p. 543, 13 μικρὰ μὲν ἀντὶ μεγάλων καὶ τῷ ὄντι χαλκᾶ χρυσῶν ἀντιδίδοντες.

p. 500, 12 οἱονεὶ μολίβδου δίκην.

Cf. *infra* p. 19 n. 1.

p. 500, 13 τὸ ἐνδόσιμον ... λαμβάνοντες.

Ep. 41 p. 543, 4 ἐπεὶ τὸ ἐνδόσιμον μνηστεύεις.

p. 500, 14 seq. σὺ δὲ εἰ τῷ ὄντι χρυσοῦ τιμιώτερα ἡμῖν δῶρα ἐθέλεις ἐκπέμπειν, γράφε καὶ μὴ λῆγε συνεχῶς τοῦτο πράττων· ἐμοὶ γὰρ καὶ

Ep. 40 p. 541, 15 παρὰ σοῦ δὲ καὶ μικρὸν γράμμα παντός ἐστι γονίμου ῥεύματος κρεῖττον, καὶ δεξαίμην ἂν ἔγωγε Ἰαμβλίχου μᾶλλον ἐπι-

γράμμα παρὰ σοῦ μικρόν, στολὴν μίαν ἢ τὸν ἐκ Λυδίας
ὅτου περ ἂν εἴπῃ τις ἀγαθοῦ χρυσὸν κεκτῆσθαι... μὴ περι-
κάλλιον εἶναι κρίνεται. ίδῃς... ἀλλὰ γράφε συνεχῶς.

Voir aussi les lettres 54, 15 et 16.

Lettre 54.

p. 564, 11 παλαιῶν ἀνδρῶν Ep. 19 p. 500, 5 Οὐκ ἐμὸς
... οὐκ ἔλαττον ἢ τῷ σῷ ἴδιος ἀλλὰ παλαιῶν ἀνδρῶν
πειθόμενος λόγῳ. ὁ λόγος ἐστίν. Cf. *supra* à
ce passage.

l. 13 δυσωπούμαι. Cf. *supra* Ep. 8 p. 486, 19.
l. 14 τοῖς πρὸς σὲ φιλικοῖς. Ep. 40 p. 537, 24 τῶν πρὸς
σὲ φιλικῶν.
l. 16 ἀντιφθέγγεται. Ep. 41 p. 544, 5 ἀντεφθέγ-
ξατο. Cf. 542 l. 8.
l. 17 καθάπερ ἐρωμένη... Ep. 60 p. 580, 10 καθάπερ
ἀντιφιλοῦσα. ἐρωμένην... ἀσπαζόμενος.
l. 20 οἱονεὶ σφαίρας δίκην. Cf. *infra* p. 19 n. 1.
Ibid. τὸ ἴσον ἀντιπέμπομεν. Cf. *supra* Ep. 32 et 19,
p. 500, 7.

l. 21-23 ὥστε οὐκ ἂν φθά- Ep. 40 p. 539, 4 ἐπὶ τοῖς
νοις... ἀντιδίδως. φθάνουσι ἀντίδοσιν αἰτῶν.

Voir encore les lettres 73 et 20.

Lettre 73.

p. 594, l. 20 τῆς ψυχῆς Ep. 60 p. 578, 22 ὡς παρ-
ὀφθαλμοῖς ὡς παρόντα σε όντα τῇ ψυχῇ θεωρῶ καὶ
θεωροῦμεν, οἵ γε... σοι συν- ἀπόντι σύνειμι.
εῖναι... δοκοῦμεν.
p. 595, l. 2 τὰ εἰκότα. Cf. Ep. 60 p. 579, 22, et
p. 580, 19; 524, 16.
l. 9 ἀντιδίδως τὰ ἴσα. Cf. *supra* let. 34 l. 20.
l. 10 πρὸς τὴν ἀντίκλησιν. Ep. 54 p. 564, 20 εἰς τὴν
πρόκλησιν ἀντιπέμπομεν.

l. 10 μὴ κατοκνήσῃς (sc. à répondre).

l. 13 ξύμπαν ὁμοῦ τὸ Ἑλληνικὸν ὠφελεῖν.

Voir aussi la lettre 17.

Ep. 40 p. 540, 7 γράφειν κατοκνῶν Cf. p. 541, 22.
Cf. *supra* p. 9 n. 3.

Lettre 15.

p. 494 l. 10 ἵνα δὴ καὶ νύκτωρ καὶ μεθ' ἡμέραν τοῖς πολεμικοῖς ὁμιλῇ συνθήμασιν...

p. 494, 16 εἰκόνα τῆς σῆς παρουσίας τὴν ἐν τοῖς γράμμασιν ὁμιλίαν προξενεῖν.

Ep. 61 p. 582, 20 seq. οὐ παύσομαι θεραπεύων συνθήματι... ὁμιλῶν γράμμασι.
Cf. *supra* Ep. 24 p. 508, 15.

Ep. 40 p. 539, 12 ἐν τῇ τῶν γραμμάτων ἀναγνώσει τὸ τῆς σῆς εἰκόνος ἴνδαλμα. — Cf. *supra* ὁμιλῶν γράμμασι, et Ep. 8 p. 486, 13. — Pour προξενεῖν, cf. προξένης ep. 40 p. 539, 22.

l. 17 γράφε καὶ μὴ λῆγε συνεχῶς τοῦτο πράττων.

Ep. 19 p. 599 l. 16 γράφε καὶ μὴ λῆγε συνεχῶς τοῦτο πράττων. — Cf. *supra* 19 p. 500, 14.

l. 18 ἐνθυμούμενος ὡς ἡμῖν ἕως ἂν ἀπῇς οὐδ' ὅτι ζῶμεν εἰπεῖν ἔστι...

Ep. 34 p. 523, 5 οὐδ' ἐν ἀνθρώποις εἶναι φαίην ἂν ὅλως ἕως ἂν Ἰάμβλιχος μὴ παρῇ etc.

Voir aussi la lettre 16.

Lettre 28.

Ce billet n'a que cinq lignes.
p. 519, l. 21 Ἐμοὶ καὶ γράμμα παρὰ σοῦ μικρὸν ἀρκεῖ μεγάλης ἡδονῆς πρόφασιν μνηστεῦσαι.

l. 22 ἀντιδίδωμι τὴν ἴσην.

Ep. 41 p. 543, 13 μικρὰ (sc. γράμματα) ἀντὶ μεγάλων... ἀντιδιδόντες. L. 21 ὀλίγῳ μέλει μεγάλην ἀκοὴν ἐνδοῦναι — Sur μνηστεῦσαι. Cf. *infra* p. 19 n. 1.
Cf. *supra* Ep. 54 l. 20.

18

l. 25 ἐκτίνεσθαι.

l. 23-25 οὐ τῷ τῶν ἐπιστολῶν μήκει μᾶλλον ἢ τῷ τῆς εὐνοίας μεγέθει τὰς τῶν ἑταίρων ἐκτίνεσθαι δεῖν κρίνων.

Ep. 61 p. 581, 16 ἐκτετικέναι.
Cf. le début de la lettre 8 et la lettre 57 *infra*.

Lettre 16.

p. 495, 2 ὁ μὲν μῦθος ποιεῖ τὸν ἀετὸν ἐπειδὰν τὰ γνήσια τῶν κυημάτων βασανίζῃ ... ταῖς ἡλίου προσάγειν ἀκτῖσιν.

l. 5 νεοττοῦ.

l. 7 καθάπερ Ἑρμῇ λογίῳ.

l. 8 κἂν μὲν ὑπομείνωσι τὴν ἀκοὴν τὴν σήν, ἐπί σοι τὸ κρῖναι περὶ αὐτῶν, εἰ καὶ πρὸς τοὺς ἄλλους εἰσὶ πτήσιμοι.

l. 8 τοὺς ἡμετέρους λόγους ἐγχειρίζομεν.

l. 10-16 ποταμῷ κλύσον ὡς νόθους ... ὅσα δ' ἂν ἐπιγνῷ καθαροῦ σπέρματος τῇ μητρὶ τρεμούσῃ εἰς χεῖρας ... δίδωσιν.

l. 18 τὴν τοῦ παιδὸς σωτηρίαν.

Ep. 40 p. 540 l. 9 ἂν μὴ ... Ἡλίου τῶν ἀκτίνων καθάπερ οἱ τῶν ἀετῶν γνήσιοι καταθαρρῶσιν.
Ep. 40 p. 541 l. 20 νεοττούς.
Cf. *supra* let. 8 p. 487, 2.
Ep. 24 p. 512 l. 9 καὶ εἰ μὲν ἔχει μέτριον ἐπὶ σοὶ κριτῇ τὸ ἐγχείρημα πάντως καὶ πρὸς τοὺς ἄλλους ἔκφορον ἔσται. Pour ἀκοή, cf. p. 543, 22; pour πτήσιμοι. Ep. 19 p. 499, 4.

Ep. 40 p. 538, 16 τὴν ἐπιστολὴν ... ἐνεχείριζον.

Ep. 61 p. 582, 10 καθάπερ ἀγαθῷ πατρὶ παῖς γνήσιος ἐκ ... διαποντίου κλύδωνος ἀνελπίστως ὀφθείς. Ep. 15 p. 494, 21 εἰς χεῖρας ἠκούσαις.

Ep. 19 p. 498, 15 τοῦ παιδὸς τὴν σωτηρίαν.

Lettre 57.

p. 566, 22 Ἔστι καὶ μικροῦ γράμματος ἡδονὴ μείζων ὅταν ἡ τοῦ γράφοντος εὔνοια μὴ

Ep. 67 p. 590, 20 Ἔστι τις ἡδονῆς ἀφορμὴ πλείων ὅταν ἐξῇ ... προσφωνεῖν. Ep. 28

τῇ τῆς ἐπιστολῆς σμικρότητι μᾶλλον ἢ τῷ τῆς ψυχῆς μεγέθει μετρῆται.	οὐ τῷ τῶν ἐπιστολῶν μήκει μᾶλλον ἢ τῷ τῆς εὐνοίας μεγέθει τὰς τῶν ἑταίρων φιλίας ... ἐκτίνεσθαι.
p. 567, 1 προςρήσεως.	Cf. supra p. 10 n. 3.
p. 567, 2 τὸν ἐπ' αὐτοῖς πόθον.	Ep. 60 p. 579, 12 τὸν ἐπὶ σοί με ἀνάψαντα πόθον.
p. 567, 5 τοῖς ἴσοις δὲ ἀμείβεσθαι μὴ κατόκνει.	Ep. 73 (cf. supra) ἀντιδίδως τὰ ἴσα ... τῇ τῶν ἀμοιβαίων συνεχείᾳ μὴ κατοκνήσῃς.
p. 567, 7 γνώρισμα.	Ep. 24 p. 511, 11 γνωρίσματος.[1]

Ainsi, sur les quatre-vingt-cinq lettres recueillies par les éditeurs, dix-neuf (N°ˢ 8, 15, 16, 19, 24, 28, 32, 34, 40, 41, 53, 54, 57, 60, 61, 67, 73[2]) sont d'un même écrivain qui ne peut être l'empereur Julien. Quatre autres, sans être du premier, ne sont pas non plus du second, comme nous l'avons dit en commençant, et une partie du reste est

---

1) Je noterai encore ici quelques détails. Dans les lettres apocryphes on trouve trois fois μνηστεύω dans le sens d'accorder (?) pp. 519, 22. 504, 3. 543, 4 et souvent l'expression pléonastique οἱονεὶ ... δίκην avec un génitif, pp. 500, 12. 508, 14. 564, 20. 579, 20. Cf. ὥσπερ ... δίκην p. 524, 14 et ὥσπερ ... νόμῳ p. 507, 6. Ces expressions sont étrangères à Julien, mais, puisque ces passages ne sont pas de lui, nous n'avons plus de motif pour effacer le οἱονεὶ ou le ὥσπερ comme l'a fait partout Hercher. (Cf. sur ces pléonasmes chez les auteurs de l'empire Bernardakis Plutarch. Moral. Introd. LX.) — D'après M. Schwarz on rencontre quatre fois dans ces lettres la préposition ὡς (= εἰς), dont Julien ne se sert jamais, et une fois καθὰ et ὡσπερεὶ, qui sont dans le même cas, enfin un emploi beaucoup plus fréquent des composés avec ἀντ(ι) (environ vingt fois autant).

2) La séparation de ces lettres dans les manuscrits et les éditions ne peut nous être objectée, puisque, comme nous le savons, l'ordre où nous les lisons est variable et par conséquent arbitraire. Elle prouve seulement que leur confusion avec les œuvres de Julien est fort ancienne. Celle-ci ne paraît pas cependant remonter au V° siècle: aucune des lettres attribuées à l'empereur par les auteurs de cette époque ne se trouve parmi celles que nous rejetons.

encore inauthentique dans un certain sens. Je veux parler de quelques édits, comme la loi sur les médecins[1], que l'on trouve mêlés à cette correspondance et qui ont toute la pompe et la recherche du style officiel de cette époque. L'empereur ne les a certainement pas rédigés lui-même; il avait pour cela des secrétaires[2] et des juristes, et les mots latins que l'on y rencontre suffiraient à trahir leur origine.[3]

Si donc, écartant tous ces éléments plus ou moins impurs, nous comparons les vraies lettres de Julien à celles de notre sophiste, nous serons frappés de leurs différences. D'un côté, sous l'exubérance de la forme, une pauvreté incroyable d'imagination et de style, des répétitions incessantes d'idées et d'expressions, des flatteries et des lieux communs du premier au dernier mot; au contraire, il n'est pas une seule épître de Julien où il ne s'agisse de quelque affaire présente: s'il écrit à Prohérésius (2), c'est pour lui offrir des documents pour ses travaux d'histoire; à Libanius (3), pour lui demander son dernier discours; à Théodora (4), pour la remercier des ouvrages qu'elle lui a envoyés, etc. Il nous donne des détails sur sa vie, ses voyages, ses impressions, il invective les chrétiens, il se répand en railleries contre ses adversaires. Sa phrase est généralement courte; son style, malgré ses réminiscences littéraires, relativement

---

1) J'ai en vue, outre cette loi (25, b), les numéros 26, 43 et 76. Le fameux édit en faveur des Juifs que M. Schwarz (p. 29), déclare apocryphe pour des raisons de forme est dans le même cas, c'est-à-dire qu'il est authentique pour le fond. — Les édits 6, 10, 42, 50, 51, 52, 59 doivent, au contraire, avoir été écrits de la main même de l'empereur ou tout au moins dictés par lui. Le N° 11 est un fragment informe.

2) Eun. *Vit. soph.* p. 101: Ὁ αὐτοκράτωρ Ἰουλιανὸς αὐτῷ (sc. à Nymphidianus) καὶ τὴν βασιλικὴν γλῶτταν ἐπετρέψε ταῖς ἐπιστολαῖς ἐπιστήσας ὅσαι διὰ τῶν Ἑλληνικῶν ἑρμηνεύονται λόγων.

3) Ep. 25 p. 513, 7 βρέβια ἐν τοῖς σκρινίοις. Ep. 43 p. 547, 27 πριβάτοις. — Remarquer aussi 256 le θεσπίζοντες qui dans les novelles traduit régulièrement *sancire*, et les expressions comme (515, 12) τὰ τῆς ἡμετέρας ἡμερότητος γράμματα, 514, 20 ἡμετέρᾳ φιλανθρωπίᾳ κελεύομεν, qui sont aussi tout-à-fait byzantines.

21

simple, et s'il abuse peut-être des citations, il n'a pas de ces comparaisons mythologiques insipides, que l'auteur des lettres à Jamblique se plaît à développer en longues périodes. Celui-ci est un sophiste qui n'écrit que pour avoir l'occasion de faire briller son talent. Julien, lui aussi, se souvient parfois trop de ses études de rhétorique, on sent en lui le contemporain de Libanius; mais il a toujours des soucis, des haines, des aspirations, dont son compagnon de rencontre était absolument incapable. Qu'on lise de suite une lettre quelconque à Jamblique et l'épître 27 à Libanios, ou 38 à Maxime, et l'on conviendra, je pense, qu'un même homme, fût-ce à des époques différentes, n'a pas pu les écrire toutes deux.[1]

---

1) Il est encore, outre un fragment sans importance (N° 64), deux lettres dont l'authenticité me semble fort sujette à caution, mais la question est trop compliquée pour que je veuille me prononcer catégoriquement. Il est impossible de voir, comme le veut Heyler, dans le morceau N° 37, ὑπὲρ Ἀργείων, un rescrit impérial adressé au gouverneur de la Grèce. Un empereur ne pouvait laisser la décision du procès à l'impartialité du juge (p. 551 l. 18. Cf. 529, 17), après avoir soutenu l'une des parties au point de s'identifier avec elle (p. 530 l. 20 ἡμῖν), ni surtout ce juge prendre une décision contraire à celle qui lui était recommandée, ce qui arriva, comme nous le voyons par une lettre qui fait allusion à la même affaire (N° 3 de Papadop. l. 8 seq. Cf. 37 p. 530 de Hertlein). En réalité, cette prétendue lettre est un plaidoyer prononcé en faveur d'Argos devant le gouverneur de la province, et s'il est de Julien, il doit avoir été composé pendant son séjour à Athènes (355 ap. J. C.). Mais il paraît impossible, que Julien, au moment où il allait être nommé César, se soit ainsi mis au service des Argiens pour défendre une cause au moins douteuse. — D'autre part si ce morceau est apocryphe, la lettre où il est question du même procès, l'est aussi, et ici commencent les difficultés. Le début présente, il est vrai, une grande analogie avec certains passages des lettres à Jamblique (l. 3-6. Cf. pp. 579, 10; 539, 12), la comparaison avec Amphion (l. 28) est tout-à-fait dans le goût de leur auteur, et l'anecdote sur Musonius, empruntée à Philostrate, pourrait parfaitement être attribuée à ce sophiste. Mais le style de cette lettre est beaucoup plus simple que celui des épîtres à Jamblique, et de plus elle est adressée, de même qu'une lettre authentique de l'empereur, à l'*archiereus* Théodore. Il faudrait donc admettre que,

II.

Si les dix-huit lettres que nous venons d'examiner, ne sont pas de Julien, comment ont-elles pu se mêler à sa correspondance? Telle est la question qui nous reste à résoudre.

M. Schwarz, qui rejette, comme nous l'avons vu, une partie d'entre ces mêmes lettres, croit à une fraude. Suivant lui, elles ont été attribuées à l'empereur par les disciples de ses prétendus correspondants, afin d'augmenter ainsi la gloire de leurs maîtres.[1] En vérité, ce faussaire — il ne pourrait y en avoir qu'un seul — aurait été un homme d'une activité prodigieuse, puisqu'il se serait instruit chez une dizaine de sophistes, qu'il aurait ensuite immortalisés par reconnaissance. Et puis, se figure-t-on ce disciple trop dévoué faisant adresser par l'empereur une dissertation de dix pages à Sarapion, pour prendre cet exemple, et ne se donnant même pas la peine de nous dire un mot, pas

---

comme d'autres épîtres contenues dans le manuscrit de Chalcé (Papadopoulos *Suppl. au vol. XVI du Syllogue de Cnople.*) la nôtre a été abrégée, ou plutôt remaniée, car la fin paraît bien de Julien, et de plus que la suscription est erronée. (Cf. let. 2 (= 57), 12 (= 48) du Ms.). Ce qui paraît confirmer cette dernière supposition, c'est que Théodoros habitait l'Asie, et non la Grèce et n'a été nommé *archiereus* que sous le règne de Julien (p. 586, 10 Hertlein).

1) Schwarz *cf. cit.* p. 29. *Liquet eas epistolas a discipulis Juliano suppositas esse, ut magistrorum gloriam augerent, fingentes iis fuisse intimam familiaritatem cum clarissimo imperatore.* — Une des lettres à Jamblique et celle à Sopater auraient d'autre part été écrites par des personnages qui s'y nomment soigneusement (p. 538, 14; 591, 3), afin de faire passer ainsi leurs noms à la postérité. Ceci ne mérite pas une discussion. La précision avec laquelle ces prétendus faussaires sont désignés, est toute naturelle, puisque l'auteur veut faire savoir à Jamblique à quelles personnes il a confié deux lettres que celui-ci n'a pas reçues. — Quant à la statistique par laquelle M. Schwarz (p. 26) veut établir que les six lettres à Jamblique ont été écrites par des disciples de ce philosophe, si elle prouve quelque chose, c'est uniquement que ces lettres *ne pas* de Jamblique ni de l'auteur du *de mysteriis*.

un seul, sur ce maître vénéré, qui nous est resté parfaitement inconnu? D'ailleurs, dans cette hypothèse, ou bien ces lettres ont été écrites du temps de Julien, et alors on ne s'explique pas qu'elles contiennent autant d'erreurs que d'allusions à sa vie; ou bien après sa mort, et longtemps après, et en ce cas elles ne peuvent être l'œuvre d'un disciple de Jamblique. Non, il n'y a pas moyen de songer ici à une contrefaçon. On ne voit pas à quel but aurait visé le contrefacteur. Il s'agit d'une correspondance réelle, on y parle de faits réels, qui concordent entre eux, et qui vont nous permettre de retrouver l'auteur probable de toutes ces lettres.

Tout d'abord, cet auteur est un élève de Jamblique. Cela résulte du ton général dont il lui parle, aussi bien que de quelques passages particuliers.[1] Il dut vivre longtemps auprès de lui à Damas, d'où il écrivit la grande épître à Sarapion.[2] Plus tard il quitta ce pays,[3] et après une longue absence,[4] adressa à son vieux maître les lettres que nous avons conservées.[5] Puisque celui-ci est mort, comme nous l'avons dit, vers 330, ces lettres ont été écrites dans les années précédentes, sous le règne de Constantin.

Mais alors la grande guerre dont elles font mention ne peut être que la dernière lutte entre Constantin et Licinius "Voilà déjà trois ans, y lisons-nous, que je suis arrivé de Pannonie, échappé avec peine aux dangers et aux

---

1) Let. 60 p. 580, 24 δῆσον, εἰ δοκεῖ, πρὸς τοῖς ἑαυτοῦ θώκοις τοῖς φιλτάτοις, ὥσπερ τινὰ Μουσῶν λιποτάκτην ἑλών, εἶτα ... παιδεύων. Ep. 40 p. 541, 20 ἡμᾶς ἀεὶ τῶν παρά σου τροφῶν ... χρείᾳ τυγχάνοντας. P. 537, 5 μηδὲ ἀσύγνωστον οἶδά σε πρὸς τοὺς σοὺς ... Cf. note suiv.

2) Ep. 24 p. 506-507. — Cf. p. 580 l. 21 πόθι Ζεὺς δοίη ἱκέσθαι ἐς πατρίδα γαῖαν, καί σου τὴν ἱερὰν ἐκείνην ἑστίαν ὑπέλθοιμεν. — Le ἐς πατρίδα γαῖαν est évidemment pris ici au figuré.

3) P. 581, 17 ἀποδημίαν.

4) Ep. 60 p. 582, 4 ... ἐπὶ τοσοῦτον χρόνον τὴν ἑῴαν ἀπολιπὼν οὐκ εἶδον. Cf. l. 19 et Ep. 61 p. 581, 18 et Ep. 53 p. 563, 22.

5) Cf. *supra* p. 5 n. 2.

24

fatigues que tu sais; et qu'après avoir franchi le détroit de Chalcédoine, je me suis établi à Nicomédie."[1] Ailleurs on y parle d'une guerre pénible, d'un siège laborieux, d'un hiver rigoureux, et "de difficultés innombrables et de toute espèce, supportées depuis la Pannonie supérieure jusqu'au détroit de Chalcédoine."[2] Constantin[3] en effet, après avoir pendant l'hiver de 322 défait les Sarmates sur le Danube, partit de Pannonie au printemps de l'année suivante, rencontra et battit Licinius près d'Andrinople et mit le siège devant Byzance. Puis, il passa le Bosphore à la suite de son adversaire et le poursuivit jusqu'à Nicomédie, où il reçut sa soumission au mois de septembre 323; et depuis ce moment, jusqu'à la dédicace de Constantinople (330), Nicomédie demeura sa résidence ordinaire, comme elle avait été celle de ses prédécesseurs en Orient. La lettre 40, écrite trois ans après la fin de la guerre, date donc de l'année 326; et l'on comprend maintenant sans peine qu'une autre ait pu être envoyée de Nicomédie par l'un des gardes impériaux.[4]

Mais comment un disciple de Jamblique peut-il avoir accompagné Constantin dans ces expéditions? Beaucoup d'employés de la cour et spécialement les secrétaires du prince étaient, comme on sait, choisis à cette époque parmi les rhéteurs[5], et nous voyons par la lettre 41 que notre

---

1) Ep. 40 p. 538, 6 Ἦλθον ἐκ Παννονίας, ἤδη τρίτον ἔτος τουτί, μόλις ἀφ' ὧν οἶσθα κινδύνων καὶ πόνων σωθείς· ὑπερβὰς δὲ τὸν Καλχηδόνιον πορθμὸν καὶ ἐπιστὰς τῇ Νικομήδους πόλει ... Il ne parle pas de Constantinople, qui n'était pas encore fondée.

2) Ep. 61 p. 581, 21 ἀλλὰ καὶ πολέμων θορύβους καὶ πολιορκίας ἀνάγκην καὶ φυγῆς πλάνην καὶ φόβους παντοίους, ἔτι δὲ χειμώνων ὑπερβολὰς καὶ νόσων κινδύνους καὶ τὰς ἐκ Παννονίας τῆς ἄνω μέχρι τοῦ κατὰ τὸν Καλχηδόνιον πορθμὸν διάπλου μυρίους δὴ καὶ πολυτρόπους συμφορὰς ὑπομείνας.

3) Lenain de Tillemont op. cit. p. 184, 189 seqq. Schiller, Gesch. der röm. Kaiserzeit II, 199 seqq.

4) Ep. 40 p. 538 l. 14 τῶν βασιλείων ὑπασπιστῶν εἷς.

5) Burckardt, Die Zeit Constantins, 2ᵉ éd. 1880, p. 379. Cf. supra p. 20, 2.

sophiste avait en effet une de ces positions officielles.¹ "Je t'envoie, écrit-il, à Jamblique, le premier des discours que, d'après les ordres de l'empereur, j'ai composé récemment sur le fameux pont jeté sur le détroit (πρὸς τὴν ἀοίδιμον τοῦ πορθμοῦ ζεῦξιν)." Ce passage a beaucoup embarassé les commentateurs. Ils ont conjecturé, en désespoir de cause, que Julien avait dû faire pour Constance des discours sur le passage des Dardanelles par Xerxès. Si la lettre n'est pas de Julien, l'explication tombe d'elle-même; mais que gagnons-nous à reculer la date de notre épître de quelque vingt ans en la plaçant vers 326? On ne peut croire que Constantin ait vraiment joint les deux rives du Bosphore. Cette œuvre gigantesque, si jamais on avait réussi à l'achever, n'aurait pas été passée sous silence par les historiens de cette époque. Ils nous ont rapporté fidèlement de bien moindres travaux. La chronique paschale² annote à la date de 328 que l'empereur construisit un pont de pierre sur le Danube. Aurelius Victor³ relate ce fait parmi ses grandes actions et nous avons conservée au moins une médaille⁴ qui fut frappée à cette occasion par Constantin. Quoi de plus naturel, alors, qu'il ait aussi, suivant l'usage du temps, fait composer par l'un des rhéteurs de sa cour des panégyriques qui célébrassent cet évènement? Notre texte est donc corrompu, mais la correction est bien

---

1) Ep. 41, p. 543, 11.

2) Chron. Pasch. Ann. 328 p. 527, ed. Dindorf, 1832. Κωσταντῖνος ὁ εὐσεβὴς καὶ τὸν Δανούβιν πλειστάκις ἐπέρασεν καὶ γέφυραν αὐτῷ λιθίνην ἐποίησεν. Cf. Theoph. Conf. (Bonn 1839, p. 41 l. 16) A. M. 5820.

3) Aur. Vict. de Caes. 41, 18. *Pons per Danuvium ductus, castra castellaque pluribus locis conmode posita.* — Cf. *Epit. de Caes.* 41, 11.

4) Cohen, *Monn. des emp.*, t. VI p. 120. Constantin N° 169 et la note — R. SALUS REIPUBLICAE; à l'exergue DANUBIUS. Pont à trois arches sur lequel passent Constantin et la Victoire; à genoux devant eux un barbare...

26

simple. Il suffit de lire au lieu de ΠΟΡΘΜΟΥ, ΠΟ-ΤΑΜΟΥ.¹

La chronologie des autres lettres de notre sophiste ne peut être établie avec autant de précision. Nous pouvons seulement affirmer que toutes celles à Jamblique et à Sopater sont antérieures à la mort de Constantin (337),² et nous n'avons aucune raison pour placer les autres plus tard. Elles sont adressées à Eugénios,³ le père du sophiste Thémistios, dont des ouvrages nous sont parvenus, à Hécébolios,⁴ qui fut dans la suite le maître de rhétorique de Julien à Constantinople, au philosophe Maxime de Byzance et à son fils Euclide,⁵ ou à des inconnus.⁶

---

1) L'erreur était d'autant plus aisée que plus haut il est question du détroit (πορθμός) de Chalcédoine. Cf. p. 24 n. 1.

2) Le N° 53 envoyé de Thrace (p. 563, 2) n'a pas nécessairement été écrit après la fondation de Constantinople. L'expression ἐν Θράκῃ μέσῃ paraît plutôt indiquer qu'elle le fut pendant une des expéditions de l'empereur contre les barbares du Nord.

3) Themist. Or. XX, p. 285 seq. ed. Dindorf. et Introd. p. 26. — Themistios naquit vers 315. (Cf. Zeller, Ph. d. Gr. V, p. 739, 1.) Il eût donc été difficile que l'empereur Julien traitât son père de ἑταῖρος (p. 499, 8).

4) Socr. Hist. eccl. III, 13, 5. III, 1, 10. Ce personnage ne peut être le même que celui auquel Julien adresse la lettre 43, comme Heyler l'avait déjà vu.

5) Let. 15, 16 et 73. — Le Maxime dont il est question ici ne peut être Maxime d'Éphèse, le maître de Julien. Eunape, qui naquit en 347, nous dit qu'il a connu ce Maxime, mais que νέος ἔτι γηραιῷ συνετύγχανε, c'est-à-dire que celui-ci doit être né vers 300 et était par conséquent beaucoup plus jeune que notre sophiste. Or, dans ces lettres 16 et 17, celui-ci s'adresse à Maxime comme à un maître respecté et à un homme d'expérience. Il doit donc s'agir d'un autre philosophe Maxime, celui dont nous parle Socrate (Hist. Eccl. III, 1, 16), qui le distingue expressément de Maxime d'Éphèse, Μάξιμος ὁ φιλόσοφος οὐχ ὁ Βυζάντιος ὁ Εὐκλείδου πατὴρ ἀλλ' ὁ Ἐφέσιος. La lettre 73 est adressée à cet Euclide. Il est curieux de comparer le ton de celles au père et au fils. — Suidas qui fait de Maxime de Byzance le maître de Julien l'a confondu avec son homonyme. Suid. s. v. II, p. 692 ed. Bernh. et la note.

6) Let. 8 Georgios, le même que Georgios le *Catholicos* de la lettre 54 et sans doute que Gregorios *l'hegemôn* du N° 23, peut

27

Or, à cette époque vivait précisément un sophiste célèbre du nom de Julien. Suidas[1] nous apprend qu'il naquit à Césarée de Cappadoce, fut contemporain de Callinicus[2], et vécut sous Constantin. Photius[3] lui attribue un écrit sur le vocabulaire des dix orateurs attiques. Enfin, suivant Eunape il florissait vers le temps d'Aidesios, qui succéda à Jamblique vers 330[4], et il eut à Athènes, où il passa la fin de sa vie, une école très-fréquentée.[5]

être celui qui fut préfet du prétoire en 336-7 (Cod. Theod. III, 1, 2. IV, 6, 3. XI, 1, 3.) — Le Sarapion du N° 24 pourrait bien être Sérapion d'Alexandrie, rhéteur et philosophe disciple de Plotin (Porph. *Vit. Plot.* 7). — Lucianos (N° 32) paraît être le même dont Libanios parle dans sa lettre 259 (ed. Wolf). Euclide est aussi souvent nommé par lui.

1) Suid. s. v. (I, p. 1007 ed. Bernh.) Ἰουλιανὸς Δόμνου, ὁ ἀπὸ Καισαρείας Καππαδοκίας σοφιστής, σύγχρονος Καλλινίκου τοῦ σοφιστοῦ, γεγονὼς ἐπὶ Κωνσταντίνου τοῦ βασιλέως. Sur la valeur du γεγονώς dans Suidas, cf. Rohde, *Rhein. Mus. f. Phil.*, 1878, p. 131 seqq., 683 seqq. 1879, p. 620 seq.

2) Callinicus était l'élève de Minucianus qui écrivit sous Gallien (262-268), et il adressa lui-même un écrit à ce prince. Il doit donc avoir vécu à la fin du III° siècle et au commencement du IV°.

3) Phot. cod. 190 (p. 98 ed. Bekker) τῶν παρὰ τοῖς δέκα ῥήτορσι λέξεων.

4) Eun. *Vit. Iulian.* ed. Boiss. 1822, p. 68 Ἰουλιανὸς δὲ ὁ ἐκ Καππαδοκίας σοφιστὴς εἰς τοὺς Αἰδεσίου χρόνους ἤκμαζε καὶ ἐτυράννει γε τῶν Ἀθηνῶν — p. 73 εὐδοκιμῶν δὲ καὶ αὐτὸς καὶ διὰ τῶν ὁμιλητῶν Ἀθήνησιν ἐτελεύτα. — Une anecdote remplit toute cette *"vie de Julien"*; elle renferme cependant encore un renseignement qui ne paraît pas absolument d'accord avec les précédents: Prohérésius fut l'auditeur de Julien et brigua sa succession. Or, lorsqu'Eunape vint en Grèce en 362, Prohérésius disait avoir 87 ans. (Eun. *Vit. Iul.* p. 63, *Vit. Proh.* déb.). Il aurait donc été presque aussi âgé que son maître. Mais d'autre part nous avons une lettre de l'empereur Julien à Prohérésius datant de la même année 362 (N° 2), où l'on voit que celui-ci songeait à entreprendre une histoire de son temps. Il serait bien étonnant qu'il eût formé ce projet à 87 ans. Peut-être faut-il lire dans Eunape ἑβδομήκοντα, au lieu de ὀγδοήκοντα; mais pour pouvoir trancher la difficulté, il faudrait posséder une édition critique d'Eunape et une chronologie un peu exacte des sophistes du IV° siècle. — C'est d'après

On le voit, ces dates et ces faits, s'ils ne confirment pas directement ceux que nous avons conclus de nos lettres, se concilient parfaitement avec eux. Julien a pu naître vers 275, à Césarée de Cappadoce, et aller, comme plus tard son compatriote Prohérésius,[1] s'instruire in Syrie, y demeurer auprès de Jamblique jusque vers 320, être alors appelé à la cour de Constantin et y vivre avec sa famille jusque vers 330. C'est à cette époque qu'il se serait rendu à Athènes, où il serait mort après y avoir professé quelque dix ans.[2] Nous pouvons retrouver même en ces quelques pages des traces de cette étude approfondie des orateurs attiques, que, suivant Photius, Julien le sophiste s'était imposée. Outre des allusions au langage et aux usages judiciaires d'Athènes,[3] dans deux passages au moins il copie presque mot à mot Démosthène.[4]

---

une chronologie hypothétique que Sievers (*Stud. z. Gesch. der Röm. Kaiser*, p. 232) plaçait le séjour de Julien à Athènes de 307 à 337.

5) Eun. *V. Aed.* p. 19 Ἐκδέχεται δὲ τὴν Ἰαμβλίχου διατριβὴν καὶ ὁμιλίαν εἰς τοὺς ἑταίρους Αἰδέσιος.

1) Suidas s. v. Eun. *Vit. Proh.* p. 487, 2° ed. Boisson. Paris.

2) Il ne peut avoir vécu beaucoup après 340, puisque, suivant Eunape (*V. Soph.* p. 157 ed. d'Amsterdam), Prohérésius fut appelé après la mort de son maître auprès de Constance qui était alors en Gaule. Or, celui-ci séjourna en Gaule de 341 à 345. — Évagrius attribue, il est vrai, à un sophiste Julien qu'il place *après* Ulpien et Libanius un écrit sur les colonies grecques d'Antioche (Evag. *Hist. eccl.* I, 20). Mais ce Julien paraît être Julien d'Antioche, gouverneur de Syrie en 364, dont Libanios (Ep. 582) vante le talent d'écrivain. Cf. Sievers, *Das Leben des Libanios* p. 250.

3) P. 543, 24 τῆς Ἀθηνᾶς ψήφου, p. 538, 4 καθάπερ ἐν ὅρῳ γραφῆς ἀπολογήσωμαι, p. 495, 17 ἀδέκαστόν τινα μαρτυρίαν etc.

4) La fin de la lettre 53, p. 564 est imitée de Dém. *Sur la couronne* (XVIII), 97 δεῖ τοὺς ἀγαθοὺς ἄνδρας ἐγχειρεῖν μὲν ἅπασιν ἀεὶ τοῖς καλοῖς τὴν ἀγαθὴν προβαλλομένους ἐλπίδα, φέρειν δὲ ὅτι ἂν ὁ θεὸς διδῷ γενναίως. Il est vrai que l'expression φέρειν ... γενναίως devait être devenue proverbiale puisqu'on la retrouve dans Julien Or. VIII p. 315 l. 23. — L'énumération οὔτ' ἐνθρυπτον, οὔτε στρεπτόν, οὔτε νεήλατον est empruntée au même disc. XVIII, p. 260. — Enfin ἐν Θρᾴκῃ ... τοῖς σιροῖς est inspiré par Dém. VIII, 46. D'autres réminiscences nous ont sans doute échappé.

On peut donc conclure, me semble-t-il, si non avec certitude du moins avec une probabilité suffisante, que l'auteur de ces dix-huit lettres est Julien de Césarée. On s'expliquerait alors aisément que ces écrits — les seuls qui nous restent de lui — aient été confondus avec ceux de l'empereur du même nom. Un compilateur byzantin aura lu dans la suscription au lieu de Ἰουλιανοῦ Καισαρέως le nom bien connu Ἰουλιανοῦ Καίσαρος.

Printed by Libri Plureos GmbH in Hamburg, Germany